AF309369

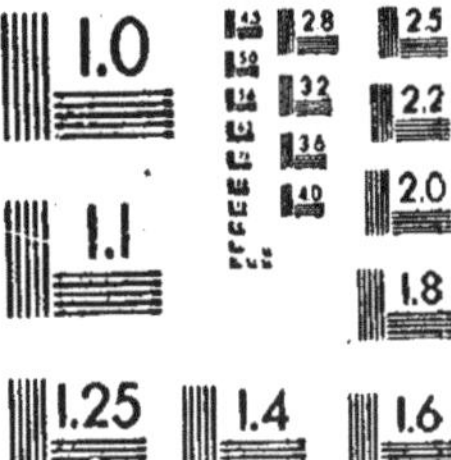
20×

MICROCOPY RESOLUTION TEST CHART
NBS - 1010a
(ANSI and ISO TEST CHART No. 2)

1.0
1.1
1.25
1.4
1.6
1.8
2.0
2.2
2.5
2.8
3.2
3.6
4.0

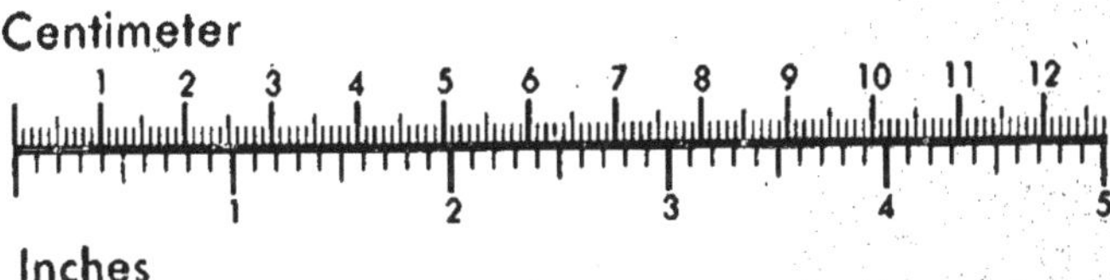
Centimeter
1 2 3 4 5 6 7 8 9 10 11 12
1 2 3 4 5
Inches

THE FRENCH REVOLUTION RESEARCH COLLECTION

LES ARCHIVES DE LA REVOLUTION FRANÇAISE

PERGAMON PRESS

Headington Hill Hall, Oxford OX3 0BW, UK

LES PETITS MONTAGNARDS,

OU

LE BONHEUR

DES HABITANS DES CAMPAGNES.

Almanach chantant & patriotique.

A PARIS,

Chez la Veuve **TIGER**, Rédacteur
& Éditeur, au Pilier Littéraire,
Place de Cambrai.

Et chez les Marchands de Nouveautés.

LES PETITS MONTAGNARDS,

OU

LE BONHEUR DES HABITANS DES CAMPAGNES.

Air : *Des Marseillois.*

Citoyens chers à la patrie,
Nous venons vous offrir nos cœurs,
Montagne, ô montagne chérie,
Du peuple les vrais défenseurs!   bis.
Par vos travaux la République
    Reçoit la Constitution ;
    Notre libre acceptation
Nous sert de couronne civique.
Victoire, citoyens, gloire aux Législa-
    teurs,
    Chantons, chantons ;
Leurs noms chéris sont les noms des
    vainqueurs.

SCRUPULES.

Si l'on raisonnoit tant, jamais on
    n'aimeroit,
  Et le triste nom d'esclavage,
  Qui des amans est le partage,
  Lui tout seul nous rebuteroit.
Puisque vous répondez à mon amour
    extrême,
Vos scrupules, Iris, ne sont plus de
    raison.
  Tout ce qu'on donne à la raison,
  On le dérobe à ce qu'on aime.

LE PETIT MÉNAGE

MONTAGNARD.

Que Bélise & Damon, ce petit
   couple heureux,
Dans leur petit ménage ont de plaisir
   tous deux !
L'Aurore en se levant, de leur bon-
   heur jalouse,
Voit le petit époux & la petite épouse,
   Confier au petit Amour
Tous leurs petits secrets sans feinte
   & sans détour,
Sur les secrets on dort, le jour hausse,
   on se lève,
   Leur café qui bientôt s'achève
   Leur offre un petit déjeûner,
Le mari sort & fait ses petites affaires,
La femme à la maison prend les soins
   nécessaires,
   Pour l'apprêt d'un petit dîner,
Damon qui n'est jamais content qu'en
   sa demeure,
Long-tems avant midi croit qu'il est
   plus d'une heure ;

On revient, on s'embraffe, on dîne,
    on caufe, on rit,
On dit à fa moitié ce qu'en ville on
    apprit;
    Après avoir joué la petite partie,
Notre petit bonhomme & fa petite
    amie,
Quand Phébus dans les eaux va plon-
    ger fon fanal,
Vont faire un petit tour au jardin vé-
    gétal;
Dans de petits propos de tendreffe &
    de joie,
    Leurs petits cœurs font déployés,
C'eft là que ces époux, grace à leur
    fageffe,
    Font leur étude & leur bonheur
    D'être grands dans leur petiteffe,
    Méprifent la vaine fplendeur
    Des favoris de la richeffe,
    Qui font petits dans leur grandeur;
    Revenus de la promenade
Ils mangent tous les deux à leur petit
    couvert
    Un petit fouper qu'on leur fert,
Le petit Champenois pétille à la lu-
    mière,

On boit un petit coup, on chante un
    petit air,
Et pour quitter la table on vuide un
    petit verre,
    Ils vont ensuite à petit bruit
    Gagner tous deux leur petit lit,
    Et sans aucun souci ni crainte,
    Se livrant au Dieu des pavots,
    Leur petite bougie éteinte
    Ils prennent leur petit repos,
Repos, repos ou non, ce n'est pas
    mon affaire,
Il me suffit à moi que le petit com-
    père,
Vivant satisfait dans son petit réduit,
    Avec sa petite comère,
    Soit garant de ce que j'ai dit,
    Et me serve à vous rendre chère
    L'excellence du mot petit.

ENIGME.

DE Thémire innocente encore
Je tourmente les jeunes ans,
Souvent je devance l'aurore
De la raison & des sens,
J'excite une aimable tempête
En cherchant à voir le jour ;
Dans ma prison rien ne m'arrête,
J'ai pour Eole l'Amour.
Pour remp'ir un tendre message,
Je sais tromper les jaloux,
Et quelquefois à la plus sage
J'ai servi de billet doux.

VAUDEVILLE DES PETITS MONTAGNARDS.

Heureux habitans des campagnes
Chez vous règne la liberté !
En tout tems elle eut pour compagnes
L'innocence & la vérité.   *bis.*
Ici le soleil sans nuages
Chaque jour frappe vos regards ;
A vos pieds, voyez les orages,
Et restez toujours montagnards.   *bis.*

◆

Ce fut sur la montagne antique
Que naquit l'homme libre & fier,
C'est de la montagne Helvétique
Que Tell pulvérisa Guesler.   *bis.*
Que dans la plaine les esclaves
Rampent aux genoux des Césars ;
Pour nous sans maîtres, sans entraves
Nous serons toujours montagnards.

◆

Les Petits Montagnards.   B

Londres, Berlin, Vienne & l'Espagne
Prétendoient nous remettre aux fers,
Mais du sommet de la montagne
Un Dieu planoit sur l'univers.   *bis.*
Par sa fermeté, sa prudence,
Malgré leurs bataillons épars,
La montagne a sauvé la France ;
Gloire immortelle aux montagnards. *b.*

De la montagne inébranlable
Le plus terrible des volcans .
A frappé la foule coupable
Des satellites des tyrans.   *bis.*
La foudre a terrassé le crime,
Il ne souille plus nos regards :
Et depuis ce moment sublime
Tous les François sont montagnards. *b.*

Y en a bien la crainte accompagne
Qui n'sont pas ferm'sur leurs jarrets ;
Ils voulont gravir la montagne
Et r'tombont toujours dans l'marais. *b.*

C'n'est pas-là leur route ordinaire,
Ils sont sujets à trop d'écarts...
Ils ont beau dire, ils ont beau faire,
Ils ne seront jamais montagnards. *bis.*

Au Public.

Sur la montagne dès l'enfance
Nous en conservons la fierté,
Nous brûlons avec toute la France
De l'amour de la liberté.   *bis.*
Puisse notre première campagne
Etre agréable à vos regards !
Vous êtes tous de la montagne.
Accueillez les petits montagnards. *bis.*

CRAINTE HEUREUSE.

Cloé me craint, je la crains davan-
    tage,
Comment donc faire ? elle est belle,
    elle est sage,
Sans tout cela, je ne la craindrois pas ;
Je suis discret, je l'aime, je soupire,
Et n'ai parlé que par mon embarras.
Cloé m'entend, ses yeux semblent me
    dire :
Sans tout cela je ne la craindrois pas.
O ma Cloé ! finissons ce martyre,
Et sans risquer des efforts superflus,
Laisse à l'Amour le soin de nous ins-
    truire
Du seul moyen de ne nous craindre
    plus.

Air : *De encore des Savoyards.*

JE suis du pays des montagnes,
L'été j'travaille dans les campagnes,
Mais si-tôt que vient les frimais
J'cours à la ville, & je ramonne,
Oui, je ramonne, oui, je ramonne ;
L'espérance est d'tous les états,   *bis.*
Et quand j'commence mon ouvrage,
Je me dis, ferme, allons, courage ; *bis.*
Et je trouverons le r'pos en bas.   *bis.*

Les riches n'aiment pas les montagnes,
Ils vont dans leurs belles campagnes
Se reposer sans être las ;
Tandis que le pauvre ramonne,
Oui, je ramonne, oui, je ramonne,
L'espérance est d'tous les états,   *bis.*
Mais si l'on partageoit l'ouvrage,
L'ramonneur auroit plus de courage *b.*
Et trouveroit le r'pos en bas.   *bis.*

CHANSON.

Air : Ma raison s'en va grand train.

Tous les amans de ce jour
Sont perfides en amour,
J'ai surpris le mien,
Ce vilain vaurien,
Avec une bergère ;
Il ne lui faisoit encor rien,
Mais il alloit lui faire,
    Le chien,
Mais il alloit lui faire.

HYMNE DES VERSAILLOIS.

I.

Quels accens ! quels transports ! par-tout la gaîté brille,
La France est-elle donc une seule fa-
mille ?
Aux lieux même où les rois étaloient
leur fierté
On célèbre la liberté.   bis.
Est-ce une illusion ? suis-je au siècle de
Rhée ?
J'entends chanter par-tout d'une voix
assurée ;
Nous ne reconnoissons en détestant les
rois ,
Que l'amour des vertus & l'empire des
loix.

I I.

Quel spectacle enchanteur ! au nom de
la patrie
Tout s'anime , tout prend une nou-
velle vie ,

Le vieillard semble encor par sa vi-
      vacité
    Renaître pour la liberté,   *bis.*
Et l'enfant accusant la foiblesse de
      l'âge,
S'irrite d'être jeune, & chante avec
      courage,
Nous ne reconnoissons, &c.

III.

Enfant, guerrier, vieillard, épouses;
      filles & mères,
Le riche citoyen, l'habitant des chau-
      mières,
Tous jurent réunis par la fraternité
    De mourir pour la liberté.   *bis.*
En chassant les Tarquins, Brutus ne
      vit que Rome.
Pour reformer le monde, instruit par
      ce grand homme,
Ne reconnoissons plus, &c.

IV.

Jadis d'un oppresseur l'injuste tyrannie
Assouvissoit sur nous sa fureur impunie,

17

Et l'homme vertueux dans a capti-
vité
    Soupiroit pour la liberté... *bis.*
Maintenant l'homme juste a brisé ses
    entraves,
Les François indignés de s'être vus
    esclaves,
Ne reconnoissent plus, &c.

V.

Peuples, qui gémissez sous un joug
    tyrannique,
Venez voir le François à sa fête civi-
    que,
Comparez vos terreurs à la sérénité
    Des enfans de la liberté.. *bis.*
Comparez à vos fers ces guirlandes lé-
    gères
Que porte en s'embrassant tout un
    peuple de frères,
Vous ne reconnoîtrez en détestant les
    rois, &c.

Les Petits Montagnards.   C

INVOCATION

D'UŇ, AMANT A LA RAISON.

Inflexible raison, qui nous tient à
   la gêne ,
Faite pour les humains, tu parois inhu-
   maine ,
Nos cœurs tyrannisés par tes réflexions,
Ne font qu'aller de peine en peine ,
Gouverne , j'y confens , les autres
   paffions ,
Tu peux les opprimer fous ta loi la
   plus dure ,
Semblable à l'horrible vautour
Qui ronge Promethée & la nuit & le
   jour ,
  Mais laiffe au moins à la nature
  A régler celle de l'amour.

Air : *Des montagnes d'Auvergne.*

Viendras - tu pas, toi que mon
    cœur adore ?
Sur le rocher j'étois avant l'aurore,
Déja la nuit vient, la nuit m'y trouve
    encore,
      Quand il renaîtra
      Le jour m'y trouvera.

Cruel ami, tu quitte son amie,
Douceur d'amour avec toi m'est ravie,
Savois-tu pas bien que vivoit de ta
   vie ?
      Me faut donc gémir,
      Attendre & puis mourir.

Sur le rocher , seul témoin de mes
    larmes ,
N'aî pas toujours connu tristes alar-
    mes ,
Toi , l'Amour & moi , tant y trou-
    vions de charmes !
      Aujourdi n'y voit ,
      Hélas ! qu'Amour & moi.

Viendras-tu pas , &c.

L'OCCASION.

JE refusois la jeune Iphis
De me rendre dans un bocage ;
Je refusois, mais je rougis :
Peut-on promettre davantage ?
Comment ne pas croire un amant ?
Il rassura mon cœur timide ;
Dans la route du sentiment ,
C'est toujours un dangereux guide.

Air : *Des petits Montagnards*,

Ou l'air : *Du serein qui te fait envie.*

I.

EH quoi ! tu peux dormir encore !
N'entends tu pas ces cris d'amour ?
Réveille-toi, voici l'aurore :
Mon fils, c'est là ton plus beau jour; *b.*
C'est à l'autel de la patrie
Que tu vas marcher sur mes pas,
Viens à cette mère attendrie
Qui t'appelle & tend les bras.   *bis.*

II.

Mon fils, tu vois ce peuple immense,
Comme il accourt de toutes parts.
De ces guerriers chers à la France
Vois tu flotter les étendards ?   *bis.*
C'est à l'autel de la patrie
Que l'amour dirige leurs pas,
Tous vont a leur mère chérie
Se dévouer jusqu'au trépas.   *bis.*

I I I.

Tu l'as fait, ce serment auguste,
Devant la France & devant moi ;
Tu serviras, vaillant & juste,
Notre République & la Loi.   *bis.*
C'est à l'autel de la patrie
Que tu viens de le prononcer ;
Plutôt cent fois perdre la vie
Que de jamais y renoncer !   *bis.*

I V.

Il est d'autres sermens encore
Qu'exige ton père & l'honneur ;
Un Dieu puissant que tout adore
Va bientôt appeller ton cœur ;   *bis.*
Mais, à l'autel de la patrie,
A la beauté jure en ce jour
Que jamais la vertu flétrie
Ne gémira de ton amour.   *bis.*

V.

Si d'une belle honnête & sage
Tu fais un jour te faire aimer,

Le nœud sacré du mariage
Est le seul que tu dois former.   *bis.*
Vite à l'autel de la patrie
Courez tous les deux vous unir :
Que jamais votre foi trahie
N'ordonne au ciel de vous punir. *bis.*

V I.

Dans cette chaîne fortunée
Si tu deviens père à ton tour,
Pour premier don si l'hymenée
Accorde un fils à ton amour ,   *bis.*
Offre à l'autel de la patrie,
Ce fruit heureux de ton lien ;
Dans ton cœur c'est elle qui crie
Qu'il est son fils comme le tien. *bis.*

V I I.

Tu vois ce fer d'un œil d'envie,
Il doit un jour armer tes mains ;
De lui dépend souvent la vie,
Ou la mort de foibles humains : *bis.*
C'est à l'autel de la patrie
Qu'il faut le suspendre aujoud'hui ;
N'y touche pas qu'elle ne crie :
Prends ce fer, j'ai besoin de lui. *bis.*

VIII.

Quand le tems qui marche en silence
Par d'imperceptibles efforts,
Aura miné mon existence
Et décomposé mes ressorts ;　　　*bis.*
C'est sous l'autel de la patrie
Que tu creuseras mon tombeau.
Est-ce perdre en entier la vie
Que de rentrer en son berceau ?　　*bis.*

CHARADE.

De mon premier un âne se nourrit,
Sur mon second maint Docteur s'éten-
　　　dit,
Avec mon tout un Normand se dédit.

Air : *Veillons au salut de l'Empire.*

I.

Tremblez, tyrans, voici la foudre,
Qui, pénétrant dans vos palais,
Va réduire bientôt en poudre
Ces murs témoins de vos forfaits.
Frémissez, pâlissez ; ni vos sceptres,
    ni vos couronnes,
Fiers potentats, ne vous garantiront
    de nos coups,
Et jusqu'au plus haut de vos trônes,
Monstres, nous vous attendrons.

II.

Et toi, que jadis la colère
De ces indignes souverains,
Arrachoit du sein de la terre
Pour la ruine des humains,
Salpêtre précieux, parois pour un plus
    juste usage ;
La liberté t'appelle du fond des sou-
    terreins,
C'est pour seconder le courage
De ses enfans républicains.
    Les Petits Montagnards.   D

I I I.

Va purger le fol de la France
De fes perfides ennemis,
Que leur infultante préfence
Ne fouille plus notre pays,
Miniftre de la mort, va tonner contre
    les defpotes;
Délivre-vous de ces tigres, de fang
    altérés ;
Par le canon des fans-culottes
Qu'ils foient à jamais terraffés.

I V.

Détruis de l'avare Amérique
Le commerce enfin déteflé,
Que par toi nos frères d'Afrique
Renaiffent pour la liberté ;
De ce peuple affervi brife le honteux
    efclavage,
Venge fes droits, au nom de la fainte
    humanité,
Et protège fur fon rivage
Le niveau de l'égalité.

V.

Lorsque la paix & la vertu
Du François combleront les vœux ;
Dignes instrumens de notre gloire,
Tu le deviendras de nos jeux :
Et tes feux éclatans, parcourant le
    vaste empyrée,
Dans tous pays, portés sur les ailes des
    zéphirs,
Instruiront l'Europe étonnée
De nos fêtes, de nos plaisirs.

ENIGME.

On fait pour m'éviter cent efforts
    superflus,
Qui m'a, se tourmente sans cesse,
Qui me perd, est dans la tristesse,
Et qui me gagne ne m'a plus.

Air : *Regards vifs & joli maintien.*

Regards vifs & joli menton
Te distinguent dans le village,
D'la noce sois le premier garçon,
Mais sur-tout sois sage ;
Car sais-tu bien, mon cher Guillot,
Ce qu'à l'épouse il faudroit faire ;
Oui, sais-tu, mon cher Guillot,
Dans c't'emploi qu'elle sera ton lot ?
C'est toi qui prendra (*bis.*) la jarretiè-
   re.   *bis.*

✶

Pour c'qu'est d'ça, monsieur Benja-
   min
Je ne sommes pas du tout novice ;
A d'autres, c'est un fait certain,
J'ons rendu le même service ;
Jeannette, l'jour qu'on la força
D'prendre un mari qu'elle n'aimoit
   guère,
Jeannette, l'jour qu'elle se maria,
A sa noce aussi m'invita,
C'est moi qui lui pris (*bis.*) sa jar-
   retière.   *bis.*

Air : Que lui manque-t-il la parole.

L'ORGUEIL de nos vils oppresseurs,
Rebelle aux loix de la nature,
Par le faste & par les grandeurs
Se flattoit d'éviter sa bure.
En méconnoissant la vertu,
On outrageoit les patriotes
Devant le vice bien vêtu,
Modeste & jamais apperçu,
Le mérite alloit sans culotte.

✕

Ce mot par le riche inventé,
Pour en faire au pauvre une injure,
Du patrotisme insulté,
A fait la gloire la plus pure,
Et nos messieurs aux beaux habits
Voyant s'aimer les patriotes ;
Les grands devenus si petits
Par la honte & l'effroi saisis,
Ont, je crois, souillé leurs culottes.

✕

Difparoiffez , prêtres & rois ,
C'eft le fouverain qui vous chaffe,
La philofophie & les loix
Ont remis chacun à fa place.
Et vous tous qui les défendiez,
Vils fatellites des defpotes ,
Vous vouliez nous voir dépouiller,
Mais nous nous fommes éveillés ;
C'eft vous qui payez nos culottes.

Pour mieux tranfmettre à l'avenir
Notre vengeance , avec l'outrage ,
Amis . gardons le fouvenir
D'un nom qu'ennoblit le courage ;
Mais ne bleffons l'œil virginal
De nos déités patriotes ;
La nudité leur fieroit mal ,
Soyons donc ; mais au moral ,
Demeurons toujours fans culottes.

LA DÉCADE DU CANONNIER.

I.

C'EST aujourd'hui la décade,
Prenons tous le verre en main,   *bis.*
Je porte ma rasade,
A toi, peuple souverain,
La décade est par sa gaîté   *bis.*
L'ame de la liberté.   *bis.*

II.

Je n'ai richesse ni grade,
Sans-culotte est mon vrai nom.   *bis.*
Plus je bois dans ma décade,
Mieux j'ajuste mon canon.
La décade, &c.

III.

Belles, fêtez la décade,
Venez au bruit des tambours.   *bis.*
Une pique, une cocarde,
Ne déplaît point aux amours.
La décade, &c.

I V.

Citoyenne, la décade
Sans vous n'auroit poins d'appas, *bis.*
Recevez notre accolade,
Et laissez-vous mettre au pas.
La décade est par sa gaîté *bis.*
L'ame de la liberté. *bis.*

CALENDRIER

OU

ANNUAIRE

Pour l'An IX

DE LA RÉPUBLIQUE

FRANÇOISE,

A l'usage de ceux qui ont besoin de connoître la correspondance des styles.

A PARIS,

Chez TIGER, Imp.-Lib. Place Cambrai, au Pilier Littéraire.

Et chez les Marchands de nouveautés.

SAISONS.

L'AUTOMNE commencera cette année le premier jour de Vendémiaire de l'an 9.

L'HIVER, le 1er Nivôse.

LE PRINTEMS, le 30 Ventôse.

L'ÉTÉ, le 2 Messidor.

FÊTES MOBILES.

L'Avent, 30 Nov.	L'Ascens. 14 Mai.
Septuag. 1 Févr.	Pentecôte, 24 Mai.
Cendres, 18 Févr.	Trinité, 31 Mai.
Pâques, 5 Avril.	Fête-Dieu, 4 Juin.
Rogations, 11, 12 et 13 Mai.	

QUATRE TEMS.

Les 26, 28 et 29 frimaire (17, 19 et 20 décembre 1800).

Les 6, 8 et 9 ventôse, (25, 27 et 28 février 1801).

Les 7, 9 et 10 prairial, (27, 29 et 30 mai).

Les 29 fructidor, 1 et 2 jours complémentaires, (16, 18 et 19 sept.).

COMPUT ECCLÉSIASTIQUE.

Nombre d'or. 16.	Indiction..... 4.
Cycle solaire. 18.	*Lettre domi-*
Épacte..... XV.	*nicale......* D.

An IX.

Vendémiaire | Septembre, Octobre 1800.

	1 prime	23	mar ste thècle.
	2 duodi	24	mer s. andoche
	3 tridi	25	jeud s. firmin
☽	4 quarti	26	ven ste. justine
P. Q.	5 quinti	27	sam s. côme
le 5	6 sextidi	28	Dim s. céran
soir.	7 septidi	29	lund s. michel
	8 octidi	30	mar s. jérôme
	9 nonidi	1 mer	s. rémi év.
☉	10 Décadi	2 jeud	les ss. ang.
Pl. L.	11 prime	3 ven	s. denis a.
le 10	12 duodi	4 sam	s. françois
soir.	13 tridi	5 Dim	ste. aure
	14 quarti	6 lund	s. bruno
	15 quinti	7 mar	s. serge
	16 sextidi	8 mer	s. démètre
	17 septidi	9 jeud	s. denis d. p.
☾	18 octidi	10 ven	s. géréon
D. Q.	19 nonidi	11 sam	s. venant
le 19	20 Décadi	12 Dim	s. franç.
mat.	21 prime	13 lund	s. gérand
	22 duodi	14 mar	s. caliste
	23 tridi	15 mer	ste. thérèse
	24 quarti	16 jeud	s. gal, ab.
●	25 quinti	17 ven	s. cerboney
N. L.	26 sextidi	18 sam	s. luc évan
le 26	27 septidi	19 Dim	s. savinien
mat.	28 octidi	20 lund	s. sandon
	29 nonidi	21 mar	ste. ursule
	30 Décadi	22 mer	s. mellon

An XI. Brumaire. | Octobre Novemb. 1800.

	1	prime	23	jeud s. hilarion
☽	2	duodi	24	ven s. magloire
P. Q.	3	tridi	25	sam s. crépin
le 3	4	quarti	26	Dim s. rustique
mat.	5	quinti	27	lund s. frumence
	6	sextidi	28	mar s. sim. s. jud.
	7	septidi	29	mer s. faron
	8	octidi	30	jeud s. lucain
	9	nonidi	31	ven vigil. jean.
☉	10	Décadi	1	sam TOUSS.
Pl. L.	11	prime	2	Dim les morts
le 10	12	duodi	3	lund s. marcel
soir.	13	tridi	4	mar s. charles
	14	quarti	5	mer st. berthille
	15	quinti	6	jeud s. léonard
	16	sextidi	7	ven s. willeb.
	17	septidi	8	sam ste. reliques
☾	18	octidi	9	Dim s. mathurin
D. Q.	19	nonidi	10	lund s. léon
le 18	20	Décadi	11	mar s. martin
soir.	21	prime	12	mer s. vrain
	22	duodi	13	jeud s. brice
	23	tridi	14	ven s. maxim.
	24	quarti	15	sam s. malo
	25	quinti	16	Dim s. edme
●	26	sextidi	17	lund s. eucher
N. L.	27	septidi	18	mar s. agnan
le 25	28	octidi	19	mer ste. elisabet
rou.	29	nonidi	20	jeud s. edmon
	30	Décadi	21	ven P. N. D.

An IX. Frimaire.			Novembre, Décemb. 1800.
	1	prime	22 sam ste. cécile
P. Q.	2	duodi	23 Dim s. clément
le 2	3	tridi	24 lund s. séverin
mat.	4	quarti	25 mar ste. cather.
	5	quinti	26 mer ste. gen- ar
	6	sextidi	27 jeud s. vital
	7	septidi	28 ven s. saturnin
	8	octidi	29 sam s. valère
	9	nonidi	30 Dim *l'avent.*
Pl. L.	10	Décadi	1 lund s. éloi év.
le 10	11	prime	2 mar s. franç. xa
mat.	12	duodi	3 mer s. mirocles
	13	tridi	4 jeud ste. barbe
	14	quarti	5 ven s. sabas ab.
	15	quinti	6 sam s. nicolas
	16	sextidi	7 Dim ste. fare
	17	septidi	8 lund la concept.
D. Q.	18	octidi	9 mar ste. gorge.
le 18	19	nonidi	10 mer s. damas
mat.	20	Décadi	11 jeud ste. valery
	21	prime	12 ven s. fuscien
	22	duodi	13 sam ste. luce
	23	tridi	14 Dim s. nicaise
	24	quarti	15 lund s. mesmin
	25	quinti	16 mar ste. adélaïde
N. L.	26	sextidi	17 mer *quat.-tems*
le 25	27	septidi	18 jeud ste olympe
mat.	28	octidi	19 ven s. philog.
	29	nonidi	20 sam ste. meuris
	30	Décadi	21 Dim s. thomas

An IX. | Décemb. 1800.
Nivôse. | Janvier 1801.

	Nivôse		Décembre / Janvier	
	1	prime	22	lund s. delph.
☽	2	duodi	23	mar ste. victor.
P. Q.	3	tridi	24	mer *vig. jeûne.*
le 2	4	quarti	25	jeud NOEL
mat.	5	quinti	26	ven s. étienne
	6	sextidi	27	sam s. jean évê.
	7	septidi	28	Dim ss. innocens
	8	octidi	29	lund s. thomas c
	9	nonidi	30	mar s. sabin
	10	Décadi	31	mar s. sylvestre
☺	11	prime	1	jeud la *circonc.*
Pl. L.	12	duodi	2	ven s. basile
le 10	13	tridi	3	sam ste. genevi.
mat.	14	quarti	4	Dim s. rigobert
	15	quinti	5	lund s. simeon
	16	sextidi	6	mar l'*épiphan.*
	17	septidi	7	mer s. theau
	18	octidi	8	jeud s. lucien
☾	19	nonidi	9	ven s pierre év.
D. Q.	20	Décadi	10	sam s. paul
le 18	21	prime	11	Dim s. hygin
mat.	22	duodi	12	lund s. arcade
	23	tridi	13	mar bapt. de J.C.
●	24	quarti	14	mer s. hilaire do
N. L.	25	quinti	15	jeud s. maur
le 24	26	sextidi	16	ven s. guillaume
soir.	27	septidi	17	sam s. antoine
	28	octidi	18	Dim ch. s. p. à. r.
	29	nonidi	19	lund s. sulpice
	30	Décadi	20	mar s. sébastien

☽	1 primo	21	mer ste. agnès
P. Q.	2 duodi	22	jeud s. vincent
le 1	3 tridi	23	ven s. ildefonse
soir.	4 quarti	24	sam s. babilas
	5 quinti	25	Dim la c. de s. p.
	6 sextidi	26	lund ste. paule
	7 septidi	27	mar s. julien
	8 octidi	28	mer s. cyrille
	9 nonidi	29	jeud s. fr. de sale.
☉	10 Décadi	30	ven ste. batilde
Pl. L.	11 prime	31	sam ste. marcel.
le 9	12 duodi	1	Dim *septuagési.*
soir.	13 tridi	2	lund *la purifica.*
	14 quarti	3	mar s. blaise
	15 quinti	4	mer s. philéas
	16 sextidi	5	jeud ste. agathe
	17 septidi	6	ven s. vast
☾	18 octidi	7	sam s. romuald
D. Q.	19 nonidi	8	Dim *sexagésime*
le 17	20 Décadi	9	lund ste apoline
soir.	21 prime	10	mar ste. schol.
	22 duodi	11	mer s. severin
	23 tridi	12	jeud s. mélèce
●	24 quarti	13	ven s. lezin
N. L.	25 quinti	14	sam s. valentin
le 24	26 sextidi	15	Di *quinquag.*
mat.	27 septidi	16	lund ste julienne
	28 octidi	17	mar *mardi gras*
	29 nonidi	18	mer *les cendres*
	30 Décadi	19	jeud s. siméon

An IX. Ventôse.

Frévrier, Mars 1801.

☽	1	prime	20	ven *les 5 plaies*
P. Q.	2	duodi	21	sam s. flavien
le 1	3	tridi	22	Dim *quadragés.*
soir.	4	quarti	23	lund s. pepin
	5	quinti	24	mar s. mathias
	6	sextidi	25	mer *quat. tems*
	7	septidi	26	jeud s. porphire
	8	octidi	27	ven ste. honori.
☉	9	nonidi	28	sam s. romain
Pl. L.	10	Décadi	1	Dim *reminiscer.*
le 9	11	prime	2	lund s. simplice
soir.	12	duodi	3	mar ste cunég.
	13	tridi	4	mer s. casimir
	14	quarti	5	jeud s. drausin
	15	quinti	6	ven s. godegra.
☾	16	sextidi	7	sam st. perpétue
D. Q.	17	septidi	8	Dim *oculi*
le 16	18	octidi	9	lund ste françoi.
soir.	19	nonidi	10	mar s. doctrové
	20	Décadi	11	mer 40 mart.
	21	prime	12	jeud s. grégoire
	22	duodi	13	ven s. euphrasie
	23	tridi	14	sam s. lubin év.
●	24	quarti	15	Dim *lætare*
N. L	25	quinti	16	lund s. cyriaque
le 23	26	sextidi	17	mar ste gertrud
soir.	27	septidi	18	mer s. alexand.
	28	octidi	19	jeud s. joseph
	29	nonidi	20	ven s. joachim
	30	Décadi	21	sam s. benoît

<table>
<tr><td colspan="2">An IX.
Germinal.</td><td colspan="3">Mars,
Avril 1801.</td></tr>
<tr><td>☽
P. Q.
le 1
mat.</td><td>1 prime</td><td>22</td><td rowspan="10">Mars.</td><td>Dim passion</td></tr>
<tr><td>2 duodi</td><td>23</td><td>lund s. victorien</td></tr>
<tr><td>3 tridi</td><td>24</td><td>mar ste cath.</td></tr>
<tr><td>4 quarti</td><td>25</td><td>mer annonciat.</td></tr>
<tr><td>5 quinti</td><td>26</td><td>jeud s. ludger</td></tr>
<tr><td>6 sextidi</td><td>27</td><td>ven s. rupert</td></tr>
<tr><td>7 septidi</td><td>28</td><td>sam s. gontrand</td></tr>
<tr><td>8 octidi</td><td>29</td><td>Dim rameaux</td></tr>
<tr><td>9 nonidi</td><td>30</td><td>lund s. rieul év.</td></tr>
<tr><td>10 Décadi</td><td>31</td><td>mar s. acace</td></tr>
<tr><td>☉
Pl. L.
le 9
soir.</td><td>11 prime</td><td>1</td><td rowspan="10">Avril.</td><td>mer s. hugues</td></tr>
<tr><td>12 duodi</td><td>2</td><td>jeud s. franç d. p</td></tr>
<tr><td>13 tridi</td><td>3</td><td>ven vend. saint</td></tr>
<tr><td>14 quarti</td><td>4</td><td>sam s. ambroise</td></tr>
<tr><td>15 quinti</td><td>5</td><td>Dim PASQUES</td></tr>
<tr><td>16 sextidi</td><td>6</td><td>lund s. prudent</td></tr>
<tr><td>17 septidi</td><td>7</td><td>mar s. hégésipe</td></tr>
<tr><td>☾
D. Q.
le 16
mat.</td><td>18 octidi</td><td>8</td><td>mer s. gaultier</td></tr>
<tr><td>19 nonidi</td><td>9</td><td>jeud ste. mar. ég.</td></tr>
<tr><td>20 Décadi</td><td>10</td><td>ven s. macaire</td></tr>
<tr><td>21 prime</td><td>11</td><td>sam s. léon</td></tr>
<tr><td>22 duodi</td><td>12</td><td>Dim quasimodo</td></tr>
<tr><td>23 tridi</td><td>13</td><td>lund s. marcellin</td></tr>
<tr><td>●
N. L.
le 23
soir.</td><td>24 quarti</td><td>14</td><td>mar s. tiborce</td></tr>
<tr><td>25 quinti</td><td>15</td><td>mer s. paterne</td></tr>
<tr><td>26 sextidi</td><td>16</td><td>jeud s. fructueu</td></tr>
<tr><td>27 septidi</td><td>17</td><td>ven s. anicet pa.</td></tr>
<tr><td>28 octidi</td><td>18</td><td>sam s. parfait</td></tr>
<tr><td>29 nonidi</td><td>19</td><td>Dim s. elphège</td></tr>
<tr><td>30 Décadi</td><td>20</td><td>lund s. hildeg.</td></tr>
</table>

An IX.
Floréal.

Avril, Mai 1801.

Lune		Floréal		Avril / Mai
☽	1	prime	21	mar s. anselme
P. Q. le 1 mat.	2	duodi	22	mer st. opportu.
	3	tridi	23	jeud s. george.
	4	quarti	24	ven ste. beuve
	5	quinti	25	sam s. marc. ab.
	6	sextidi	26	Dim ste. clet m.
☉	7	septidi	27	lund s. polycarpe
Pl. L. le 8 soir.	8	octidi	28	mar s. vital
	9	nonidi	29	mer s. robert
	10	Décadi	30	jeud s. eutrope
	11	prime	1	ven s. ph. et s. ja.
	12	duodi	2	sam s. athanase
☾	13	tridi	3	Dim inv. de la cr
D. Q. le 23 mat.	14	quarti	4	lund ste. moniq.
	15	quinti	5	mar s. hilaire.
	16	sextidi	6	mer s. jean p. lat.
	17	septidi	7	jeud s. stanislas
	18	octidi	8	ven s. désiré
●	19	nonidi	9	sam s. gré. de n.
	20	Décadi	10	Dim s. gordien
N. L. le 22 soir.	21	prime	11	lund les rogat.
	22	duodi	12	mar s. nérée
	23	tridi	13	mer s. servais
	24	quarti	14	jeud ascension
	25	quinti	15	ven s. isidore
☽	26	sextidi	16	sam s. honoré
P. Q. le 30 soir.	27	septidi	17	Dim s. paschal
	28	octidi	18	lund s. eric
	29	nonidi	19	mar s. Yves
	30	Décadi	20	mer s. austrégis.

<table>
<tr><td colspan="2">An IX.
Prairial.</td><td colspan="3">Mai,
Juin 1801.</td></tr>
<tr><td></td><td>1 prime</td><td>21</td><td>jeud</td><td>s. hospice</td></tr>
<tr><td></td><td>2 duodi</td><td>22</td><td>ven</td><td>s. ausone év</td></tr>
<tr><td></td><td>3 tridi</td><td>23</td><td>sam</td><td>vig. jeune</td></tr>
<tr><td>☉
Pl. L.
le 8
mat.</td><td>4 quarti</td><td>24</td><td>Dim</td><td>PENTEC.</td></tr>
<tr><td></td><td>5 quinti</td><td>25</td><td>lund</td><td>s. urbain</td></tr>
<tr><td></td><td>6 sextidi</td><td>26</td><td>mar</td><td>s. auguste</td></tr>
<tr><td></td><td>7 septidi</td><td>27</td><td>mer</td><td>quat. tems</td></tr>
<tr><td></td><td>8 octidi</td><td>28</td><td>jeud</td><td>s. germain</td></tr>
<tr><td></td><td>9 nonidi</td><td>29</td><td>ven</td><td>s. maximin</td></tr>
<tr><td></td><td>10 Décadi</td><td>30</td><td>sam</td><td>s. hubert</td></tr>
<tr><td>☾
D. Q.
le 14
soir.</td><td>11 prime</td><td>31</td><td>Dim</td><td>la trinité</td></tr>
<tr><td></td><td>12 duodi</td><td>1</td><td>lund</td><td>s. pamphile</td></tr>
<tr><td></td><td>13 tridi</td><td>2</td><td>mar</td><td>s. pothin</td></tr>
<tr><td></td><td>14 quarti</td><td>3</td><td>mer</td><td>s. clotilde</td></tr>
<tr><td></td><td>15 quinti</td><td>4</td><td>jeud</td><td>F. DIEU</td></tr>
<tr><td></td><td>16 sextidi</td><td>5</td><td>ven</td><td>s. boniface</td></tr>
<tr><td></td><td>17 septidi</td><td>6</td><td>sam</td><td>s. norbert</td></tr>
<tr><td>●
N. L.
le 22
mat.</td><td>18 octidi</td><td>7</td><td>Dim</td><td>s. paul, c.</td></tr>
<tr><td></td><td>19 nonidi</td><td>8</td><td>lund</td><td>s. médar</td></tr>
<tr><td></td><td>20 Décadi</td><td>9</td><td>mar</td><td>s. prime</td></tr>
<tr><td></td><td>21 prime</td><td>10</td><td>mer</td><td>s. landry</td></tr>
<tr><td></td><td>22 duodi</td><td>11</td><td>jeud</td><td>Oct. F. D.</td></tr>
<tr><td></td><td>23 tridi</td><td>12</td><td>ven</td><td>s. basilide</td></tr>
<tr><td>☽
P. Q.
le 30
mat.</td><td>24 quarti</td><td>13</td><td>sam</td><td>s. ant. de p</td></tr>
<tr><td></td><td>25 quinti</td><td>14</td><td>Dim</td><td>s. rufin</td></tr>
<tr><td></td><td>26 sextidi</td><td>15</td><td>lund</td><td>s. guy mar.</td></tr>
<tr><td></td><td>27 septidi</td><td>16</td><td>mar</td><td>s. fargeau</td></tr>
<tr><td></td><td>28 octidi</td><td>17</td><td>mer</td><td>s. avit</td></tr>
<tr><td></td><td>29 nonidi</td><td>18</td><td>jeud</td><td>ste. marine</td></tr>
<tr><td></td><td>30 Décadi</td><td>19</td><td>ven</td><td>s. ger. s. p</td></tr>
</table>

An IX. Messidor.		Juin, Juillet 1801.	
	1 prime	20	sam s. silvere
	2 duodi	21	Dim s. leufroi
	3 tridi	22	lund s. paulin
☽	4 quarti	23	mar *vig. jeûne*
Pl. L.	5 quinti	24	mer *n. de s. j. b.*
le 7	6 sextidi	25	jeud s. prosper
mat.	7 septidi	26	ven s. babolein
	8 octidi	27	sam *vig. jeûne*
	9 nonidi	28	Dim s. crescent
☾	10 Décadi	29	lund s. pier. s. pa.
D. Q	11 prime	30	mar com. des p.
le 13	12 duodi	1	mer s. martial
soir.	13 tridi	2	jeud *la visitat.*
	14 quarti	3	ven s. anatole
	15 quinti	4	sam t. s. mart.
	16 sextidi	5	Dim ste. zoé
●	17 septidi	6	lund s. tranquil.
	18 octidi	7	mar ste. aubierg
N. L.	19 nonidi	8	mer s. aquilas
le 21	20 Décadi	9	jeud s. cyrille
soir.	21 prime	10	ven ste. félicité
	22 duodi	11	sam tra. s. ben.
	23 tridi	12	Dim s. gualbert
	24 quarti	13	lund s. turiaf
☽	25 quinti	14	mar s. isaac bon
P. Q.	26 sextidi	15	mer s. henri
le 29	27 septidi	16	jeud s. Eusta.
soir.	28 octidi	17	ven s. spérat
	29 nonidi	18	sam s. thomas d
	30 Décadi	19	Dim s. vinc. p.

	Thermidor		Juillet / Août	
	1	prime	20	lund ste. margu.
	2	duodi	21	mar s. victor
	3	tridi	22	mer ste. m. mag.
Pl. L. le 6 soir.	4	quarti	23	jeud s. appollin.
	5	quinti	24	ven ste. christi.
	6	sextidi	25	sam s. jacques m
	7	septidi	26	Dim s. christop.
	8	octidi	27	lund s. georges
	9	nonidi	28	mar ste. anne
D. Q. le 13 mat.	10	Décadi	29	mer s. loup
	11	prime	30	jeud s. abdon
	12	duodi	31	ven s. germain
	13	tridi	1	sam s. pierre ès l.
	14	quarti	2	Dim s. étienne p.
	15	quinti	3	lund l'javen. éti.
	16	sextidi	4	mar s. domini.
N. L. le 21 soir.	17	septidi	5	mer s. yon
	18	octidi	6	jeud latrans. n.s.
	19	nonidi	7	ven s. gaëtan
	20	Décadi	8	sam s. justin
	21	prime	9	Dim s. spire
	22	duodi	10	lund s. laurent
	23	tridi	11	mar ste susanne
P. Q. le 29 mat.	24	quarti	12	mer ste. claire
	25	quint	13	jeud s. hippolite
	26	sextidi	14	ven vig. jedna
	27	septidi	15	sam l'assompt.
	28	octidi	16	Dim s. roch.
	29	nonidi	17	lund mamès
	30	Décadi	18	mar ste hélène

An IX. Fructidor.		Août, Septemb. 1801.		
	1 prime	19	mer	s. louis év.
	2 duodi	20	jeud	s. bernarda.
	3 tridi	21	ven	s. privat
	4 quarti	22	sam	s. simphor.
	5 quinti	23	Dim	s. sidoine
Pl. L.	6 sextidi	24	lund	s. barthéle.
le 5	7 septidi	25	mar	s. louis r.
soir.	8 octidi	26	mer	s. zéphirien
	9 nonidi	27	jeud	s. césaire
	10 Décadi	28	ven	s. augusti. d.
	11 prime	29	sam	s. médéric
	12 duodi	30	Dim	s. fiacre
D. Q.	13 tridi	31	lund	s. ovide
le 13	14 quarti	1	mar	s. leu s. gil.
mat.	15 quinti	2	mer	s. lazare
	16 sextidi	3	jeud	s. grégoire
	17 septidi	4	ven	s. marcel
	18 octidi	5	sam	s. bertin s
	19 nonidi	6	Dim	s. onésipho.
N. L.	20 Décadi	7	lund	s. cloud
le 21	21 prime	8	mar	nativ. n. d.
mat.	22 duodi	9	mer	s. omer
	23 tridi	10	jeud	s. nicolas t.
	24 quarti	11	ven	s. patient
	25 quinti	12	sam	s. serdot
	26 sextidi	13	Dim	s. maurille
P. Q.	27 septidi	14	lund	exal. ste. cr
le 28	28 octidi	15	mar	s. nicoméd.
soir	29 nonidi	16	mer	quat. tems
	30 Décadi	17	jeud	s. lambert

An IX. Jours compl..		Septembre 1801.
☉ P. L. le 1 soir.	1 prime	18 ven s. th. de vil.
	2 duodi	19 sam s. janvier
	3 tridi	20 Dim s. eustache
	4 quarti	21 lund s. mathieu
	5 quinti	22 mar s. maurice

ECLIPSES POUR L'AN IX.

Il y aora cette année sept éclipses, quatre de sol. et trois de lune; savoir: le 10 vendém. (2 oct. 1800), éclipse de lune, visible dans toute l'Europe, l'Asie, l'Afr., les îles Philippines de la Sonde et la partie or. de l'Amér. mérid. Le 26 vendém. (18 octob.), éclipse de soleil, invisible à Paris. Le 23 ventôse, (14 mars 1801), éclipse de soleil invisible à Paris. Le 8 germ. (29 mars) éclipse de lune, en partie visible à Paris. Le 22 germinal (12 avril), éclipse de soleil, invisible à Paris. Le 20 fructidor (7 septembre) éclipse de soleil, invisible à Paris. Le 4 complémentaire (21 septembre), éclipse de lune, en partie visible à Paris.

DÉPARTS DU PORT S.-PAUL.

GALIOTE.

Montereau part de Paris les 1, 4, 6 et 9, arrive dans la commune les mêmes jours, repart de la commune les 3, 7, 8 et 1, et arrive à Paris les mêmes jours.

COCHE.

Nogent part de Paris le 8, arrive dans la commune le 9, repart de la commune le 4, et arrive à Paris le 5.

DILIGENCE.

Joigny part de Paris le 10, arrive dans la commune le 1, repart de la commune le 5, et arrive à Paris le 6.

DÉPARTS DU PORT S.-BERNARD.

COCHES.

Auxerre part de Paris les 2 et 7, arrive dans la commune les 5 et 10, repart de la commune les 2 et 7, et arrive à Paris les 4 et 9.

Briare part de Paris le 3, arrive dans la commune le 6, repart de la commune le 8, et arrive à Paris le 10.

Sens part de Paris le 5, arrive dans la commune le 6, repart de la commune le 1, et arrive à Paris le 2.

Nota. En hiver, lesdits Départs se font à 8 h., et en été, à 7 h. du mat.

Air : *Chacun avec moi l'avouera.*

I.

Descendons dans nôs fouterreins,
La liberté nous en convie ;
El'e parle républicaine ,
Et c'eſt la voix de la patrie.   *tis.*
Lavez la terre en un tonneau
En faiſant évaporer l'eau ,
Bientôt le nitre va paroître ;
Pour viſiter Pitt en bateau ,
Il ne nous faut (3 *fois.*) que du ſal-
          pêtre.   *bis.*

I I.

Mettons fin à l'ambition
De tous les rois , tyrans du monde ,
De ces pirates d'Albion
Qui prétendoient régner fur l'onde : *b,*
Nous avons tout ce qu'ils n'ont pas ,
Nous avons le cœur & les bras
D'hommès libres & faits pour l'être ;
Nous avons du fer , des foldats ,
Ce qu'il nous faut (3 *fois.*) c'eſt du ſal-
          pêtre.   *bis.*

III.

C'est dans le sol de nos caveaux
Que gît l'esprit de nos ancêtres,
Ils enterroient sous leurs tonneaux
Le noir chagrin d'avoir des maîtres. *b.*
Cachant sous l'air de la gaîté
Leur amour pour la liberté.
Ce sentiment n'osoit paroître ;
Mais dans le sol il est resté,
Et cet esprit (*3 fois.*) c'est du salpêtre. *b.*

IV.

On verra le feu du François
Fondre la glace germanique ;
Tout doit répondre à ses succès :
Vive à jamais la République !   *bis.*
Précurseurs de la liberté,
Des loix & de l'égalité,
Tels par-tout on doit nous connoître,
Vainqueurs des bons par la bonté,
Et des méchans (*3 fois.*) par le sal-
    pêtre.   *bis.*

Air : *Du Vaudeville de la piété
filiale.*

CHACUN dans ce monde a son goût,
Et suit à son gré son caprice,
L'un pour la vertu, l'autre pour le
    vice,
L'homme enfin veut jouir un peu de
    tout ;
L'un préfère dans la campagne
La plaine, l'autre le marais :
Ces lieux sont pour moi sans attraits,
J'aime beaucoup mieux la montagne. *b.*

Delà l'on découvre aisément
La belle & la simple nature :
Le patriote, avec une ame pure,
Eprouve le plus tendre sentiment,
De ses talens, de son génie,
Il fait mouvoir le grand ressort :
Il brave tout jusqu'à la mort,
Pour le salut de sa patrie.   *bis.*

Nous éprouvons tous aujourd'hui ,
Du rocher l'heureuse influence.
Les montagnards par leur ferme cons-
    tance ,
Du peuple sont le plus solide appui :
Des citoyens ils sont les pères ;
Il faut être reconnoissans ;
Puisque nous sommes leurs enfans
Nous devons tous être frères.   *bis.*

Mais que diront nos ennemis?
Les bras vont leur tomber, je gage ,
En apprenant qu'au lieu d'un grand
    tapage ,
Nous sommes bien sincèrement amis ,
Messieurs , c'est que les patriotes
Ont déchaîné la vérité ;
Ce jour fut pour la liberté
Le triomphe des sans-culottes.   *bis.*

Unissons-nous plus que jamais
Pour consolider notre ouvrage.

L'aristocrate qui frémit de rage,
Voit échouer ses perfides projets ;
Et pour comble de sa disgrace,
Voici la constitution :
Et notre auguste sanction,
Des tyrans c'est le coup de grace.

Rentrez, rentrez dans le n'ant,
Rebelles, & vous, fanatiques,
Remportez tous vos faints & vos re-
    liques,
Ils n'ont plus aucun pouvoir à pré-
    fent :
Car notre ardeur patriotique
Vous fera tomber fous nos coups,
Nous ferons libres malgré vous,
Vive, vive la République.   b.s.

Des trois Vertus Théologales en un Mariage.

CE bonhomme est sauvé, au moins
    comme je crois,
Qui, conduit d'espérance, est entré
    en ménage :
Qui ne pense à nul mal, ains à la
    bonne foi,
Pour gagner paradis, que faut-il da-
    vantage
Qu'espérance & que foi ? est-ce la
    charité,
Elle est avec lui : si l'on dit vérité,
Sa femme seule en a pour tout le voi-
    sinage.

Air : *Heureux habitans des campagnes.*

Il est passé comme un beau songe,
Ce tems d'amour & de plaisir ;
C'est exister par le mensonge
Que d'exister par souvenir.   *bis.*
Vieillard que l'amour abandonne,
Laissez en paix les jeunes gens,
Jouissez du fruit de l'automne,
Nous aurons des fleurs du printems *b.*

※

C'est abuser de la vieillesse
Que de l'user en vains regrets ;
L'amitié, quand l'amour nous laisse,
Nous offre encor tous ses attraits. *bis.*
Il faut, quand la retraite sonne,
Ne plus songer à nos beaux ans,
Car alors les fruits de l'automne
Valent bien des fleurs du printems *bis.*

※

LE LYS ET LA ROSE,

Dans un bosquet cher à l'amour,
Un lys majestueux, une rose jolie,
Sur le rang disputoient un jour ;
Car les fleurs, comme nous, sentent
 la jalousie.

Chacun parloit avec éclat,
Et déja par degrés s'échauffoit la que-
 relle ;
Mais l'Amour finit le débat
En les réunissant au sein d'Isabelle.

RONDE VILLAGEOISE.

Ah ! qu'l'amour eſt un viláin mal,
   Diſoit un jour Annette ,
Parc'que j'ſis jeune on dit qu'c'eſt mal,
   D'accouter la fleurette.
Annette n'étoit qu'un enfant,   *bis.*
   Annette étoit charmante.
Joli p'tit fruit , joli p'tit , joli p'tit
   fruit !
  Pus on l'attend ,
  Pus l'appétit tourmente.

✕

C'eſt qu'Alin avoit d'ſon petit cœur
   Su trouver la bonne route ,
Jeûne & frais & plein de vigueur ,
   A c't'âge de quoi qu'on doute ;
V'la - t - il pas q'la mère mécham-
   ment   *bis.*
   Vint troubler leur attente.
Joli p'tit fruit , &c.

✕

Tant fut pleurer, tant fut gémir,
  Qu'Annette perdoit ses charmes,
Par force fallut ben consentir
  A l'y rendre les armes ;
Faut encor six mois, s'rapendant *bis.*
  Pour q'la mère y consente.
Joli p'tit fruit, &c.

L'heure propre au repas.

UN jour à Diogène on fit la question ;
Quelle heure étoit plus propre à la réfection ?
Le riche, répondit-il, se repaît quand il veut,
Le pauvre seulement dans le tems qu'il le peut.

Air : *Qu'en dira ma mère.*

Accourez l'histoire de Nanon,
  Ah ! qu'elle est drôle !
Nanon aimoit un biau gaçon,
  Sur ma parole,
Un biau matin de la maison,
Comme on alloit faire la moisson,
  La peire folle
  S'enfuit avec le drôle,
Et vous allez voir si Nanon
  Sut bien jouer son rôle.

La belle avec le damoiseau
  Trop téméraire,
S'en va pour prendre un nid d'oiseau,
  Dans l'champ d'son père,
Le bon'homme, dès que l'foleil luit,
Pour moissonner fort de chez lui,
  Que fait la bergère
  Pour se tirer d'affaire ?
Dans le bled elle se cache sans bruit,
  Etoit-ce donc mal faire !

Le père ainsi que l'prétendu
    De la fillette,
Croyant qu'all'dort, ben entendu,
    Dans la chambrette,
Quand tout-à-coup dans un filon
Ils apperçoivent un jupon,
    Et la petite fille
Entre les bras du drôle.
    L'on assure que le garçon
    Sut bien jouer son rôle.

I D É E.

Si dans tout lit par aventure
J'ai vu quelqu'accident secret,
C'est sans doute une égratignure
Qu'Amour à sa mère avoit fait.

Air : *Du nouveau Donquichotte.*

Seroit-ce une foiblesse
Au printems de mes jours,
De laisser la sagesse
Pour suivre les amours ?
Dorris, je suis à toi,
Deviens mon guide,
Ton amante timide
Veux vivre sous ta loi,
En recevant ta foi
Je m'abandonne à toi.   *bis.*

J'échappe à l'esclavage,
Oui, j'oublie aisément,
Le devoir & l'usage
Pour suivre mon amant.
Dorris, je suis à toi,
Deviens mon, &c.

LA REVANCHE.

Certain banquier de Pharaon,
Ayant vuidé d'argent toute une com-
pagnie,
S'en alloit bien content & la bourse
remplie,
Il étoit suivi d'un Gascon,
Qui pour réparer sa détresse,
Il avoit bien perdu dix écus environ,
Dans sa poche fouille avec assez d'a-
dresse,
Et prenoit un rouleau. Cependant le
tailleur
Sent une main glisser contre sa hanche;
Il la saisit & s'écrie: eh! Monsieur,
Vous me volez! — Monsieur, de la
douceur,
Dit le Gascon! je prends, s'il vous
plaît, ma revanche.

Air 1. *Du nouveau Donquichotte.*

Toi qui reçut ma foi,
Ah ! Clair, écoute - moi,
C'est l'amant le plus tendre,
Qui dès le point du jour
Vient ici faire entendre } *bis.*
Le signal de l'amour.

Mais si ton jeune cœur
Te parle en ma faveur,
Ne doit-il pas t'apprendre
Qu'un amant sans détour,
Est là qui fait entendre } *bis.*
Le signal de l'amour.

VERS

SUR M. VERNET.

QUEL prodige nouveau ! quoi ! le sublime Appelle
Epuisa son génie à former sa Vénus ;
   Il eut pour rival Praxitelle ,
   Et Xeuxis eut Parrhasius ;
Mais sans tracer de Vénus la ceinture ,
Vernet offre à nos yeux mille charmes
    divers :
   Pour modéle il a l'univers ,
   Et son rival est la nature.

Air : *De l'Amant sculpteur.*

JE ne suis plus dans l'âge heureux
Où j'humanisois les cruelles,
Je sais trop que des blancs cheveux
Ne sont pas faits pour plaire aux bel-
    les ;
Mais sans avoir les feux brillans
Dont le cœur de mon fils pétille,
Je puis encor à soixante ans
Chercher le plaisir en famille.   *bis.*

Oui, que mon fils pour son bonheur,
Prenne femme sensible & sage,
Leurs soins touchans, leur vive ar-
    deur,
Me rappelleront mon jeune âge,
Et l'on dira dans son printems
Si Pyrande fut un bon drille,
Il fut encor à soixante ans
Trouver le plaisir en famille.   *bis.*

BOUQUET A LISE.

Le Dieu qui m'a souvent fait répan-
 dre des pleurs,
A déserté Cythère au lever de l'aurore.
Que fait-il si matin dans les jardins de
 Flore ?
Il compose un bouquet des plus bril-
 lantes fleurs,
C'est aujourd'hui la fête de sa mère ;
Quel bouquet ! ah ! Cipris, si je pou-
 vois l'avoir,
Ou d'en faire un pareil si j'avois le
 pouvoir,
Amour, je n'irois pas le porter à Cy-
 thère.
Il est une beauté, dont le regard vain-
 queur,
L'esprit orné, le caractère aimable,
Même aux Divinités la rendent préfé-
 rable,
Lise auroit mon bouquet, elle a déja
 mon cœur.

Air : *De l'Officier de fortune.*

I.

Dès que je vis Nicolle
Je m'fentis tout en feu,
Ma bouche n'eut plus d'parole,
Mon cœur n'eut plus q'des yeux,
All'reftit dans ma tête
La nuit comme le jour.
Mon Dieu! qu'on eft donc bête
Quand on a tant d'amour!

II.

V'la mon cœur qui s'échappe
Et fuit comme un voleur,
V'la Nicol'qui le happe,
Et puis me v'la sans cœur;
Car bien loin qu'all's'apprête
A m'payer de retour,
All'dit qu'on eft qu'une bête
Quand on a trop d'amour,
All'dit, &c.

I I I.

La femme est ben maligne,
All'feint de s'courroucer
Comme une chatte qu'égratigne
En voulant carelfer.
Ah ! bon Dieu, quelle fète !
Si lui prouvoit qu'cuqu'jour,
Qu'il n'est morgué pas bête
Le joli jeu d'amour,
Qu'il n'est, &c.

ROMANCE.

Eglé, sur le peu que je vaux,
Sans raison tu t'alarmes,
Tu t'enivre de mes défauts
Autant que de tes charmes,
Tu crois qu'il faut se défier
De mon orgueil extrême ;
Je vais pour me justifier
Avouer que je t'aime.

✱

Mais ne crois pas facilement
Régner sur ta conquête ;
Je veux qu'à ton aveuglement
Tu doive ta défaite ;
Je veux aussi fermer les yeux
Sur quelques ridicules,
Et nous serons plus amoureux,
Plus nous serons crédules.

✱

Trouve-moi donc vrai & sans fard,
Je te trouve adorable ;

Trouve-moi de l'esprit sans art,
Et je te trouve aimable :
Sur-tout crois-moi beaucoup d'amour,
Je te croirai sincère,
Et prenons garde qu'un beau jour
L'amitié nous éclaire.

ANECDOTE.

Un garçon, bien frais, gros & gras, sollicitoit un homme riche nommé Dubois, de lui accorder quelque secours, disant qu'il étoit fort malheureux & très-embarrassé pour vivre : » comment, dit le richard, vous n'êtes pas honteux de tenir un pareil langage avec un visage si frais & si gras ?.. ah ! citoyen, ne me reprochez point mon embonpoint, il n'est que d'emprunt ; car je dois six mois à mon aubergiste.

❋

ROMANCE DE CAROLINE.

LA jeune Hortence, au fond d'un
    verd bocage,
Rêvoit un jour seul sur le gazon,
La jeune Hortence au printems de son
    âge
Né connoissoit de l'Amour que le nom,
A ce nom souvent elle pense,
Craint & desire un doux lien ;
Oh ! ma paisible indifférence,
Est-elle un mal, est-elle un bien ? *bis.*

Je vois l'amour dans tout ce qui res-
    pire,
Il est par-tout, excepté dans mon
    cœur ;
Autour de moi tout aime, tout soupire,
Seroit ce donc le souverain bonheur ?
Tout s'anime par sa présence,
Moi seul, hélas ! je ne sens rien ;
Oh ! ma paisible indifférence
Est donc un mal plutôt qu'un bien. *b*

Oui, mais je vois errer dans la prairie
De fleurs en fleurs le papillon léger,
Abandonnant celle qu'il a chérie,
Ainfi que lui tout amant peut changer.
Vif emblême de l'inconftance,
Tout me dit qu'il faut n'aimer rien ;
Oh ! ma paifible indifférence,
Loin d'être un mal eft donc un bien. *b.*

J'ai vu fouvent pour un berger volage,
J'ai vu gémir d'innocentes beautés,
Elles fuyoient tous les jeux du village,
Pour des ingrats toujours trop regret-
      tés ,
Moi, je ris, je chante & je danfe,
Tous les ingrats ne me font rien ;
Oh ! ma pafible indifférence,
Vous êtes mon unique bien.   *bis.*

Air : *Oui, noir, mais pas si diable.*

Victime de l'outrage
D'une barbare loi,
Abhorrons l'esclavage ;
Ami, reste avec moi,
Ami, ami, reste avec moi ;
Le blanc comme le noir,
Nous étions au pressoir,
On voyoit dans la vie,
Avec ignominie,
La liberté ravie
Par des persécuteurs,
Nos cœurs, nos cœurs,
Partageoient, partageoient vos mal-
heurs.

Le Nègre au Blanc.

O liberté chérie !
Pour soi, brûlant desir,
Moi, veux pour la patrie
Toujours vaincre ou mourir,
Toujours, toujours vaincre ou mourir.
Toi, bonne mère à moi,
Et moi bon fils à toi,

Dans tout je me décide
A prendre toi pour guide ;
Et qu'ce peuple timide
Te doive les succès.
Jamais , jamais ,
N'oublirai, n'oublirai bon François.

Air : *Vieillard qui d'amour est épris.*

LE tems se passe, & Blaise encor
N'travaille point à ma délivrance ;
Me laiss'ra-t-il subir mon sort ?
Que dois je penser de son silence ?
Si mon amant me trahissoit…
Ah ! Blaise est trop fidèle & tendre !
Et quelquefois il ne se tait
Que pour se faire mieux entendre.

LA GUILLOTINE
D'AMOUR.

Air : *Fidèle époux, franc militaire.*

I.

La guillotine est à Cythère
De mode comme en ce pays ;
Mais la chose est toute contraire
A la cour de Dame Cypris ;
Car ici l'anti-patriote
Seul au supplice est destiné ;
Et l'on voit toujours sans-culotte
Quiconque est là guilloriné.

II.

L'appareil est sur un théâtre
Couvert d'un tapis de lin blanc ;
Entre deux colonnes d'albâtre
Paroît le fatal instrument ;
La fenêtre en est purpurine,
L'ébène en borde le contour ;
Le desir ouvre la machine,
Et l'exécuteur est l'Amour.

I I I.

Prenant une attitude fière
Se présente le patient ;
Plus il porte la tête altière,
Plus il devient intéressant :
L'étreinte augmente sa furie,
Il s'agite, il brave son sort ;
Le plus doux moment de sa vie
Est le plus le voisin de la mort.

I V.

O Vénus ! dont mon cœur fidèe
Adore & suit les douces loix,
Donne-moi, pour prix de mon zèle,
Une guillotine à mon choix !
Et par l'effet de ta puissance,
Après un trépas fortuné,
Ah ! rends-moi toujours l'existence,
Pour être encore guillotiné.

HOMMAGE A LA RAISON,

COPLETS RÉPUBLICAINS.

Air *des bonnes Gens.*

I.

Divinité sublime !
Règnes, augufte Raifon ;
Ton pouvoir légitime
Se répand fur l'horifon :
On ne peut te méconnoître,
Ta beauté frappe les yeux,
Et tu feras difparoître
Le menfonge ténébreux.

II.

Vive la République !
C'eft l'égide du François ;
Chaffons le fanatique,
Qu'il périffe par nos traits :
Nous ne voulons d'autre culte
Que celui de la Raifon ;
Du fage qui la confulte,
Le bonheur eft le moiffon.

I I I.

Le prêtre & son grimoire
Insultoient à la Raison,
Ne nous offrant à croire
Que la superstition :
Sa ridicule logique
S'évanouit au bon sens,
Et de la saine critique
N'ose entendre les accens.

I V.

Liberté magnanime !
O fille de la Raison !
L'esclavage est une rime,
Mais il n'est plus de saison.
Le despote est un barbare,
Tous les rois sont des tyrans,
Qu'ils règnent dans le tartare,
Sur tous les vils courtisans.

V.

Les vœux, les droits de l'homme,
Sont dictés par la Raison ;
Les Loix que l'on renomme,
Sont la Constitution :

Ce code, fage & fublime,
Répandu dans l'univers,
Epouvantera le crime,
L'orgueilleux & le pervers.

V I.

L'égalité réfulte
De nature & de raifon ;
Le rang eft une infulte,
Tout homme eft à l'uniffon :
La grandeur étoit chimère,
Fruit de la corruption,
Et tous enfans de la terre,
On eft égaux fans façon.

V I I.

Reçois notre fuffrage,
Déité jufte, Raifon,
Nous te rendons hommage,
Sans fard, avec paffion :
Que l'univers te contemple,
Qu'il obéiffe à ta voix,
Et qu'il n'exifte qu'un temple,
Pour fuivre tes douces loix.

※

LA DOUBLE RESTITUTION.

CONTE.

Tandis que Cléon consultoit
Au Palais marchand une affaire,
D'un brillant habit qu'il portoit,
Un adroit filou se hâtoit
De dégalonner le derrière ;
Cléon qui le sent & voit faire,
De bons ciseaux tire une paire,
Et lui coupe tout rasibus,
Ce que coupa Pierre & Malchus.
Paix, Monsieur, lui dit le pyrate !
Car si votre vengeance éclate
Dans le Palais, je suis perdu,
Et vous allez me voir pendu ;
Thémis ici lorsqu'on l'éveille,
Se venge au même instant. pardon,
Monsieur, voilà votre galon.
—— En ce cas voilà ton oreille.

FIN.

www.ingramcontent.com/pod-product-compliance
Ingram Content Group UK Ltd.
Pitfield, Milton Keynes, MK11 3LW, UK
UKHW021434090726
13657UKWH00003B/1080